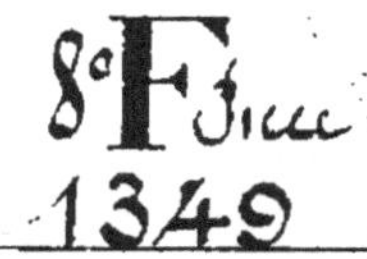

RÉFORMES

DU PRINCIPE

DE LA NON-DISTRACTION DES CHARGES

EN MATIÈRE DE MUTATIONS

A TITRE GRATUIT ET PAR DÉCÈS

ET

DE LA VÉNALITÉ

DES CONSERVATIONS DES HYPOTHÈQUES

Par AMBROISE PLÉ

Ancien Receveur de l'Enregistrement, ancien Conservateur
des hypothèques.

PARIS

IMPRIMERIE DE LA SOCIÉTÉ DE TYPOGRAPHIE

NOIZETTE, DIRECTEUR

8, RUE CAMPAGNE-PREMIÈRE, 8

1888

RÉFORMES

DU PRINCIPE

DE LA NON-DISTRACTION DES CHARGES

EN MATIÈRE DE MUTATIONS

À TITRE GRATUIT ET PAR DÉCÈS

ET

DE LA VÉNALITÉ

DES CONSERVATIONS DES HYPOTHÈQUES

Par AMBROISE PLÉ

Ancien Receveur de l'Enregistrement, ancien Conservateur
des hypothèques.

PARIS

IMPRIMERIE DE LA SOCIÉTÉ DE TYPOGRAPHIE

NOIZETTE, DIRECTEUR

8, RUE CAMPAGNE-PREMIÈRE, 8

1888

NON-DISTRACTION DES CHARGES

EN MATIÈRE DE MUTATIONS

I

La loi fondamentale de l'Enregistrement du 22 frimaire an VII est un des plus beaux monuments de la législation française : ses larges assises, sa charpente colossale et sa distribution spacieuse permettaient aux législateurs futurs d'y faire des changements et des agrandissements, sans que l'harmonie de l'édifice eût dû en souffrir. Il est fâcheux, peut-être, que, pour sa restauration, l'on n'ait pas suivi la même méthode que pour celle des monuments historiques et respecté le plan primitif !

Nous n'avons nullement la prétention de faire un commentaire de cette loi admirable; nous n'avons pas le talent nécessaire pour mener à bonne fin une entreprise aussi difficile et que, d'ailleurs, d'autres ont achevée avec succès et honneur. Nos efforts beaucoup plus modestes tendent à mettre en relief les circonstances atténuantes qui ont pu militer un long temps en faveur d'un inculpé, aujourd'hui condamné à l'unanimité, nous voulons parler du principe de la non-distraction des charges consacré par les articles 14 et 15 de cette loi.

On se demande, tout d'abord, comment, encore sur le seuil de la grande révolution, des hommes si épris des idées de justice et d'égalité et si fiers de la dignité humaine, ont pu introduire dans la législation un principe dont les conséquences, au moins apparentes, sont si iniques et si humiliantes pour la raison; c'est que l'on ne réfléchit pas aux différences qui distinguent les lois civiles des lois fiscales : celles-là rivent l'avenir au passé, en consacrant des coutumes anciennes, et réalisent des progrès préparés à l'avance par la doctrine et la jurisprudence; celles-ci créent presque toujours des innovations ; de plus, elles ont un caractère d'urgence que n'ont pas les premières. Chaque fois qu'un gouvernement propose des mesures fiscales, on peut être sûr que la nécessité est là murmurant, comme le voleur de grand chemin, « la bourse ou la vie ».

Quatre motifs principaux paraissent avoir déterminé les législateurs de l'an VII.

Le premier qui vient à la pensée est celui-ci : au lendemain d'un bouleversement aussi profond que celui de 1789, quand table rase eût été faite des ressources alimentant le Trésor public et que loin de diminuer, les dépenses ne faisaient qu'augmenter, la principale préoccupation des hommes d'Etat dût être nécessairement de créer des impôts d'un rendement facile à évaluer et d'un recouvrement sûr et rapide.

Or, rien n'eût été moins facile à apprécier qu'un impôt sur les transmissions de biens, si l'adage romain « *non sunt bona nisi deducto ære alieno* » les biens sont ce qui reste après le paiement des dettes, eût été admis ; disons plus, cet impôt n'eût absolument rien produit : la consolidation de la propriété en était encore à l'état embryonnaire et très peu de propriétaires fonciers étaient exempts de dettes ; comment, d'ailleurs, eût-on pu contrôler la sincérité des déductions alors que notre système hypothécaire n'était pas réorganisé?

La non-distraction des charges était un moyen d'assurer la rentrée de l'impôt, mais il fallait en trouver un autre pour l'empêcher de sortir des caisses de l'Etat lorsqu'il y était entré régulièrement : l'article 60 n'est donc que le corollaire de ce principe, aussi a-t-il, comme lui, encouru la réprobation générale.

Le deuxième motif ressort du plan même de la loi : Frapper les actes, selon leur nature, et la propriété dans l'état où elle se trouve, lors de sa transmission et abstraction faite de la personne des intéressés ou du possesseur, telle est toute l'économie de la loi du 22 frimaire an VII. Elle n'a pas établi de droits de successions, proprement dits, mais elle a tarifé uniformément les mutations par décès, sauf toutefois en ligne directe et entre époux. Les lois des 28 avril 1816, 21 avril 1832 et 18 mai 1850 devaient seules déterminer les droits de successions d'après le degré de parenté.

On laissait le contribuable libre de faire ses actes et déclarations à son gré et on ne donnait aux préposés de la Régie que le droit de les contrôler, à l'aide de documents émanant de lui, ou par l'expertise judiciaire.

Ainsi, on écartait les conflits et ces investigations inquisitoriales, tant redoutées du public et qui ont fait échouer de nos jours la plupart des projets de lois financières.

Ce système, d'ailleurs, était le même pour l'impôt foncier et celui des patentes ; le législateur, en matière de contributions directes, ne s'est pas préoccupé davantage des dettes grevant le fonds et de la situation du commerçant.

Il faut convenir que cette conception a une certaine grandeur !

Le 3e motif, c'est que les législateurs de l'an VII n'ont pas eu à chercher l'instrument qui devait donner un corps à leur idée, ils l'avaient sous la main : la loi du 19 décembre 1790, qui est comme le précurseur de celle du 22 frimaire an VII, n'admettait pas la déduction des dettes et, en cela, elle avait imité les coutumes féodales. Primitivement, les fermiers généraux subissaient la distraction des rentes foncières et même des autres dettes, mais cette immunité leur fit éprouver tant de pertes et de difficultés qu'ils la firent restreindre aux rentes foncières comme formant une partie intégrante du fonds.

Voici le 4e motif : L'iniquité résultant de la non-distraction des charges était plutôt apparente que réelle en raison des compensations considérables offertes au contribuable par la loi du 22 frimaire an VII.

Ainsi, les droits proportionnels étaient perçus, quant aux meubles, sur la valeur estimative des parties, sauf le cas d'inventaire ou de vente mobilière. Or, il est bien évident que cette estimation n'a jamais été portée à la valeur réelle des objets.

Les meubles par rapport aux immeubles

jouissaient d'un tarif de faveur et certaines valeurs mobilières, telles que les rentes sur l'Etat, étaient affranchies de tout droit de mutation.

D'un autre côté, la perception, en matière de mutations d'immeubles, à titre gratuit, ou par décès, reposant sur un capital formé de vingt fois le revenu des biens était loin d'atteindre la valeur vénale des biens transmis.

Enfin les soultes constatées dans les donations entrevifs ne supportaient aucun droit proportionnel.

L'immunité accordée aux valeurs mobilières par le législateur de l'an VII était due à cette raison qu'il les avait considérées en partie comme la représentation de la dette de la propriété foncière.

En résumé, ce fameux principe d'iniquité qui a donné l'occasion, à tant de Catons modernes, d'exhaler leur *delenda Carthago*. n'était pas réellement si odieux qu'il en avait l'air, c'était même pour l'époque un assez bon enfant.

II

Depuis, des changements considérables sont survenus dans le système économique du pays.

Les grandes propriétés qui payaient 500 fr. d'impôts et davantage n'atteignent pas 1 0/0 de l'ensemble du territoire ; la moyenne propriété est d'environ 8 0/0 et la petite propriété, celle qui paie 10 fr. à 50 fr. d'impôts peut être évaluée à 26 0/0, sans compter un nombre toujours croissant de petites parcelles.

Notre commerce d'importation a monté de 577 millions à 3 milliards 1/2 et celui d'exportation de 447 millions à 4 milliards.

La banque de France qui escomptait à son origine 112 millions d'effets de commerce a maintenant un mouvement de valeurs de plus de 7 milliards.

La richesse mobilière qui se compte par milliards aujourd'hui n'existait pas à la fin du siècle dernier et le monde financier ne connaissait guère, alors, que la rente sur l'Etat.

De tels résultats sont dus à une série d'événements, tels que la guerre, la vente des biens nationaux, l'application de la vapeur aux moyens de locomotion, les encouragements donnés à l'agriculture, la liberté commerciale, le développement des travaux publics et l'impulsion donnée à l'amélioration des canaux, des routes et des chemins vicinaux.

D'un autre côté, cette transformation rapide de la fortune du pays ne s'est pas opérée sans la

coopération de l'Etat et surtout sans de grands
sacrifices : le législateur fiscal a donc dû recourir pour alimenter le Trésor à de nouvelles
ressources et frapper peu à peu, tout en les
ménageant comme instruments de crédit, ces
valeurs mobilières si modestes, d'abord, et
qui finiront par être le pactole des budgets
futurs.

Aussi, le système pondérateur de la loi fondamentale a-t-il été profondément altéré par
les lois des 27 ventôse an IX ; 28 avril 1816 ;
21 avril 1832 ; 25 juin 1841 ; 18 mai 1850 ;
23 juin 1857 ; 11 janvier 1862 ; 23 août 1871 ;
28 février 1872 ; 29 juin 1872 ; 19 février 1874 ;
21 juin 1875 ; 28 décembre 1880 et 29 décembre 1884 et le décret du 28 février 1852.

On peut même dire que l'équilibre créé par
le législateur a été détruit et que le principe
de la non-distraction des charges dont il avait
rendu le poids si léger est devenu une lourde
aggravation de l'impôt.

Il convient de faire remarquer toutefois que
parallèlement à la nouvelle législation dont le
résultat a été d'annihiler les compensations
de la loi du 22 frimaire an VII, s'est établie une
jurisprudence plus douce admettant dans
certain nombre de cas la distraction de charges qu'à l'origine la Régie repoussait rigoureusement.

Ainsi, sous le régime de la communauté
c'est à titre de copropriétaires que l'époux
survivant et la succession du prédécédé prélè-
vent le montant de leurs reprises sur la masse
commune. — (Décision du 18 juillet 1817. Instruction n° 809.) — Il est vrai que, si les valeurs
de la communauté ne suffisent pas pour rem-

plir la femme de ses reprises, celle-ci ne peut les prélever sur les biens du mari, attendu que ce n'est que comme créancière qu'elle exerce ce droit (Cassation, 18 mai 1824 ; 16 janvier 1858 et 15 mars 1859. — Il en est de même en cas de renonciation à la communauté (Cassation, 21 août 1861).

D'un autre côté, lorsque les récompenses dues par le prédécédé excèdent ses reprises, il y a lieu de les imputer sur la moitié lui revenant dans les bénéfices de communauté ; il ne saurait y avoir tout à la fois profit et perte et il s'établit une compensation jusqu'à concurrence ; dans le cas où les récompenses s'élèvent à un chiffre supérieur à cette moitié, on ne peut les défalquer des propres, car ce serait opérer une véritable distraction de dettes.

Doivent être déduites de la succession du donateur pourvu qu'il n'y ait pas eu novation dans la dette :

Les sommes payables à la volonté du donateur et dues à son décès (Solution du 28 novembre 1837. Instruction n° 1562, § 17).

Les sommes payables à termes et non soldées au décès (Solution du 19 mars 1839. — Instruction n° 1590, § 10).

La cour suprême a encore décidé par ses arrêts des 6 décembre 1858 ; 16 et 22 août 1859, 23 juin 1862 et 29 juillet 1862 (instruction n° 2234), qu'il y avait lieu de faire la distraction de la succession, soit du donateur ou testateur, soit de l'héritier ou légataire universel :

Des legs de sommes d'argent non existantes au décès ;

Des legs de sommes d'argent non payées au décès du légataire universel ou stipulées payables après ce délai ;

Des sommes données entre vifs et stipulées payables après le décès du donateur et généralement de toutes celles dont le défunt n'était qu'usufruitier.

La rente viagère léguée, à titre particulier, doit être déduite lors du prédécès de l'héritier (Jugement de la Seine du 27 août 1864).

Toutefois les déductions ne sauraient avoir lieu si l'usufruitier était en même temps débiteur des sommes soumises à son usufruit (Cassation, 22 décembre 1856 et 21 août 1861).

Les sommes encaissées par le défunt, en qualité de comptable, mandataire, tuteur ou dépositaire public, ne doivent pas être comprises dans sa succession (Garnier *Rép. gén.* n^cs 16711 à 16718 et Demante, *Exposition raisonnée des principes de l'Enregistrement*, n°s 692 et 693.)

Il y a encore lieu de ne comprendre dans la déclaration de succession d'un associé que sa part nette dans l'actif social pourvu que la Société ait été constituée par écrit (Cass., 29 mars 1829 et 14 février 1870 — Instruction n° 1293, § 6).

Dans un partage anticipé, il y a lieu de déduire les sommes antérieurement données à l'un des enfants par acte enregistré et non encore payées au moment du partage (Solution du 25 avril 1882).

Il en est de même des rentes viagères constituées avant le partage anticipé par les donateurs aux donataires quand elles doivent continuer à être servies après la démission de biens ou qu'elles sont rachetées par une stipulation du contrat (Solution du 2 mars 1882).

Par identité de motifs la rente viagère constituée entre vifs par le défunt à son fils doit être déduite de sa succession quand il résulte des circonstances de fait que cette rente ne s'est pas éteinte à son décès.

Enfin, la loi du 28 février 1872 a établi que le droit gradué serait perçu sur les actes y donnant lieu, déduction faite du passif, mais l'administration a décidé par solution du 19 septembre 1873 que la déduction n'était pas applicable aux délivrances de legs.

III

Quoi qu'il en soit, cet adoucissement à la rigueur du principe n'est plus suffisant :

Les valeurs mobilières qui étaient protégées par la loi fondamentale sont toutes atteintes ou le seront prochainement ;

La loi du 21 juin 1875 a changé l'assiette de l'impôt sur les transmissions, à titre gratuit et par décès, des terres dont la capitalisation du revenu dépasse aujourd'hui la valeur vénale ;

Celle du 23 août 1871 avait déjà donné à la Régie des moyens de contrôle plus efficaces ; enfin les successions grevées de dettes partagent avec celles qui échoient aux incapables le fâcheux privilège de ne pouvoir recourir à la fraude, puisque pour elles les mesures conservatoires sont rigoureusement prises.

Il n'y a donc plus aucune bonne raison de maintenir cette inégalité criante dans la répartition des charges publiques, surtout si l'on admet que l'impôt doit frapper les biens de toute nature en proportion de leur valeur intrinsèque et de leur solidité.

On ne saurait voir plus longtemps, en cas de mort d'un failli quelques jours après le dépôt de son bilan ou l'abandon de ses biens, ses créanciers dans l'obligation d'acquitter les droits de succession sur son usine, tout en perdant une bonne partie de leurs créances ; pas plus qu'en cas de décès, pendant l'accomplissement des formalités hypothécaires, de l'acquéreur d'une propriété de 500,000 fr., ses héritiers payer des droits de mutation tant sur l'immeuble acquis que sur la somme en portefeuille destinée à en solder le prix.

Nous n'avons jamais compris que la loi, expression suprême du droit, soit entachée du moindre élément d'iniquité. Bien moins que la femme de César elle ne doit être suspectée. Aussi, malgré les nombreuses difficultés matérielles que lui suscitera cette innovation, nous espérons que l'administration de l'Enregistrement, fidèle à son passé, sera la première à réclamer la réalisation de ce progrès et enlèvera ainsi tout prétexte sérieux à la fraude. Dans ce cas, il y aurait lieu, peut-être, de substituer, comme base de l'impôt, la valeur vénale des immeubles à la capitalisation de leur revenu.

Un gouvernement vraiment démocratique ne saurait se laisser distancer davantage par des gouvernements monarchiques, tels que l'Italie et la Belgique qui sont entrés dans cette voie déjà depuis un certain temps !

Pour donner une forme précise à notre proposition nous allons la résumer ainsi :

Pourquoi n'exonérerait-on pas de tout droit de mutation par décès ?

1° Les successions des faillis après abandon de biens ou vérification des créances ;

2° Les successions vacantes quand le passif excède l'actif et après reddition de compte.

Et n'admettrait-on pas la défalcation ?

1° Des dettes hypothécaires inscrites ayant pour objet une créance certaine et déterminée au moment de l'ouverture de la succession et dont l'inscription ne serait ni périmée, ni radiée ;

2° Des dettes garanties par hypothèque légale, pourvu qu'elles soient liquidées par actes enregistrés dans les 6 mois du décès ;

3° Des intérêts et arrérages de ces mêmes dettes, mais seulement pour l'année courante ;

4° Des dettes chirographaires pour les successions liquidées par actes authentiques avant la déclaration de succession ;

5° Des dettes commerciales quand elles seront établies par l'inventaire ou par la comptabilité régulière du commerçant au moment de son décès ;

Toutefois, ne bénéficieraient pas de la déduction :

1° Les dettes hypothécaires reconnues par le défunt au profit de ses héritiers, donataires ou légataires, si le titre enregistré ne remontait pas au moins à un an ;

2° Les dettes hypothécaires remboursables à terme, lorsque l'époque d'exigibilité est antérieure au décès, à moins qu'il ne soit justifié d'un commencement de poursuites ou d'une prorogation de délai enregistrée avant le décès.

Si l'état de nos finances exigeait absolument une compensation, la Régie pourrait demander la surélévation du tarif des mutations par décès, en ligne directe, en ligne collatérale et entre étrangers, de façon à ce qu'en ligne directe, le droit soit le même que pour les transmissions d'immeubles par partages anticipés, transcription comprise, c'est-à-dire 1,50 pour cent francs ; qu'entre frères et sœurs, il soit porté de 6 fr. 50 0/0 à 7 0/0 ; que tous les autres collatéraux indistinctement paient 8 0/0 et les étrangers 10 0/0, en ayant grand soin de conserver la proportionnalité et d'éviter l'adoption de la plus légère progression d'où découlerait fatalement la spoliation.

Dans un autre ordre d'idées, on pourrait, sans le moindre inconvénient, porter de 2 à 4 0/0 le droit sur les cessions de biens domaniaux ; nous disons 4 0/0 et non 5,50 0/0 qui est le taux pour les ventes ordinaires d'immeubles, parce que les biens de l'Etat étant vendus francs et quittes d'hypothèques, les actes qui en constatent l'aliénation ne sont pas de nature à être transcrits.

Et dans un but d'ordre public, pourquoi ne délivrerait-on pas des expéditions des actes de mariage et n'exigerait-on pas, avant la délivrance de tout extrait du casier judiciaire, une réquisition sur timbre de l'impétrant dont la signature serait légalisée par le maire? Nous signalerons aux pouvoirs publics, dans une étude prochaine, une ressource d'au moins 50 millions, au moyen d'une réforme simple et facile qui serait accueillie par tout le monde avec enthousiasme.

DE LA VÉNALITÉ

DES CONSERVATIONS DES HYPOTHÈQUES

Les conservateurs des hypothèques, au nombre de 375 (un par arrondissement, y compris l'Algérie) sont chargés : 1° de l'exécution des formalités prescrites pour la conservation des hypothèques et la consolidation des mutations des propriétés immobilières ; 2° de la perception des droits établis au profit du Trésor public pour chacune de ces formalités et dont la plus forte quotité provient du timbre de leurs registres.

Nommés par le ministre des finances et pris exclusivement dans l'Administration de l'Enregistrement, ils fournissent deux cautionnements, l'un, comme comptables du Trésor, égal au montant d'une année moyenne de leurs remises et salaires ; l'autre, affecté à leur responsabilité envers les citoyens, soit en immeubles, soit en rentes sur l'Etat, est basé sur l'importance de la population de l'arrondissement dans lequel ils exercent leurs fonctions et varie de 12,500 fr. à 200,000 fr. en immeubles, ou de 500 à 8,000 francs de rentes sur l'Etat.

Leur rémunération consiste dans les salaires payés par le public pour les formalités qu'il requiert ; l'Etat n'y entre absolument pour rien puisque les remises insignifiantes qu'il leur allouait sur les rentes faites pour son compte ont été supprimées au budget de 1888.

138 ont des salaires de 15.000 fr. à 225.000 fr. (un des trois de Paris seulement atteint le chiffre maximum).
103 — de 10.000 fr. à 15.000 fr.
53 — de 7 à 10.000 fr.
32 — de 5 à 7.000 fr. »

326

Les 49 autres sont à la fois receveurs et conservateurs : cette dualité du service est très préjudiciable aux intérêts du Trésor et, quoi qu'il advienne, ne saurait être maintenue plus longtemps; de même que la répartition des conservations de Paris entre les 20 arrondissements devient inévitable et devra être opérée à bref délai.

Tous ont droit, après 30 ans de services, à des pensions de retraite dont le maximum est de 3.000 fr. pour ceux qui ont pendant les 6 dernières années de leur carrière des salaires dépassant 15.000 fr. et de 2.000 fr. pour les autres.

Chose bizarre ! Voilà des fonctionnaires publics, rétribués directement par les citoyens, qui subissent sur les 3/4 de leurs émoluments des retenues pouvant s'élever jusqu'à la somme de 8.000 fr. par an (conservations de Paris), en vue d'une pension modeste et aléatoire de 3.000 fr., à 65 ans.

Cette anomalie vient de ce que, par la nature de leurs attributions, les conservateurs ont un caractère mixte qui n'est par nettement défini : leur origine et les quelques recettes qu'ils font pour le Trésor les rattachent à l'Administration de l'Enregistrement, tandis qu'en définitive l'essence de leurs fonctions les constitue de véritables officiers ministériels, à l'instar des notaires, avoués, greffiers, commissaires-priseurs et huissiers.

Sans doute, quelle que soit leur intelligence ou leur activité, ils ne sauraient se faire, à défaut de concurrence, une clientèle personnelle ou empiéter sur celle de leurs collègues et, sous ce rapport, ils diffèrent un peu des notaires, avoués, commissaires-priseurs et huissiers dont le cercle d'affaires s'élargit ou se rétrécit en raison du savoir-faire de chacun ; mais leur position n'est-elle par absolument la même que celle des greffiers des tribunaux de première instance, cours d'appel et de cassation, qui n'en sont pas moins reconnus officiers ministériels, avec droit de présentation de leurs successeurs, à l'encontre de leurs commis-greffiers qui ne sont que des agents de gouvernement, encore bien qu'ils aient, comme les conservateurs, un ministère plutôt passif qu'actif.

Les conservateurs jouissent, comme les officiers publics, susvisés, d'une indépendance entière, vis-à-vis de l'autorité administrative, sauf une sorte de surveillance plutôt nominale que réelle qu'exerce sur leur gestion l'Administration de l'Enregistrement, et, à dire vrai, ils ne relèvent tous que des tribunaux.

Dans ces conditions, il conviendrait, il semble, de rendre l'assimilation complète en modifiant l'article 91 de la loi du 29 avril 1816, ainsi qu'il suit :

Les avocats à la Cour de cassation, notaires, avoués, greffiers, huissiers, agents de change, courtiers, commissaires-priseurs et conservateurs des hypothèques pourront présenter à l'agrément du Président de la République des successeurs pourvu qu'ils réunissent les qualités exigées par la loi. Cette faculté n'aura pas lieu pour les fonctionnaires publics, susvisés, qui auront été destitués. Il sera statué par une loi particulière sur l'exécution de cette disposition et sur les moyens d'en faire jouir les héritiers ou ayants cause desdits officiers. Cette faculté de présenter des successeurs ne déroge point, au surplus, au droit du Président de la République de réduire le nombre desdits fonctionnaires, notamment celui des notaires, dans les cas prévus par la loi du 25 ventôse an II, sur le notariat.

Et en remplaçant l'article 1er de la loi du 21 ventôse an VII relative à l'organisation des conservations des hypothèques par un autre, ainsi conçu :

A partir de la promulgation de la présente loi nul ne pourra être conservateur des hypothèques, s'il n'a été reconnu admissible à gérer un bureau de l'Enregistrement ou s'il n'a fait au préalable un stage d'au moins trois ans dans une conservation d'hypothèques et s'il n'est licencié en droit.

Pourront encore être admis aux fonctions de conservateurs, les notaires, avocats, avoués et greffiers près les tribunaux de première instance, les cours d'appel et la Cour de cassation qui auront rempli leurs fonctions pendant 5 ans au moins.

Ils seront nommés à vie. En cas de mort, d'absence et d'empêchement, leurs suppléants seront désignés par le tribunal de première instance.

Les candidats devront : 1° jouir de l'exercice des droits de citoyen ; 2° avoir satisfait aux lois sur la conscription militaire ; 3° être âgés de 25 ans accomplis.

D'autres dispositions législatives compléteront la réorganisation de telle façon que :

1° Les 49 conservations-mixtes soient détachées des bureaux de recette ;

2º Les conservations de Sceaux et de Saint-Denis soient rétablies;

3º Et que les conservations de Paris soient réparties dans les vingt arrondissements, sauf à établir entre elles des références et une bourse commune pendant les dix années qui suivront la promulgation de la loi de réorganisation.

Les receveurs de l'Enregistrement seraient chargés d'approvisionner les conservations des registres et papiers timbrés.

Quant aux recettes faites pour l'Etat, les conservateurs en tiendraient compte aux receveurs de l'Enregistrement, mensuellement, à la façon des greffiers pour les droits de mise au rôle.

Ce que nous proposons n'est autre chose que la reconnaissance par l'Etat de la vénalité des conservations des hypothèques qui entraînera avec elle l'inamovibilité et même l'hérédité.

En échange de cette concession, les nouveaux titulaires qui ressortiraient désormais de l'ordre judiciaire et recevraient une commission signée du Président de la République sur la présentation du garde des sceaux, verseraient au Trésor, à titre d'indemnité, une somme calculée, en vertu de l'article 12 de la loi du 29 avril 1816, sur la moyenne des salaires des 5 dernières années, d'après les documents fournis par l'Administration de l'Enregistrement et le tarif établi à la Chancellerie pour les offices des notaires des chefs-lieux d'arrondissement.

Cette indemnité devant produire au minimum 50 millions suffirait largement à équilibrer le budget de 1889.

En outre, le Trésor bénéficierait immédiatement du droit d'enregistrement de transmission à 2 p.0/0 sur le montant de l'indemnité et, dans la suite, du même droit proportionnel sur le prix des mutations au fur et à mesure de leur réalisation.

Il est inutile de dire que les titulaires actuels qui ne voudraient pas profiter de la loi resteraient en fonctions jusqu'à leur remplacement.

Assimilés aux notaires, les conservateurs auraient à fournir, comme eux, un cautionnement en numéraire, en conformité des articles 34 de la loi du 25 ventôse an XI et 88 de celle du 28 avril 18.6, pour répondre des faits de leurs charges.

La valeur de leur office jointe à celle de ce cautionnement offrira une ample garantie pour les erreurs ou omissions que ces fonctionnaires pourraient commettre au préjudice du public, l'ensemble devant toujours excéder le montant du cautionnement, en immeubles ou en rentes, imposé aujourd'hui aux conservateurs.

En conséquence, en cas de changement de titulaire, le prix de l'office qui sera toujours payé comptant devra être versé au Trésor comme supplément de cautionnement jusqu'à ce que la prescription décennale de responsabilité soit acquise en faveur du démissionnaire.

Quant au cautionnement actuel, en numéraire, il devra être restitué, sans retard, aux ayants droit ; l'Etat n'allouant plus de remises à ses mandataires, ce cautionnement n'a plus de raison d'être.

Evidemment, par suite de la suppression de leurs emplois, il y aurait lieu d'accorder des pensions de retraite à 326 conservateurs qui ont, d'ailleurs, pour la plupart, 30 ans de services, mais l'opération n'en resterait pas moins très fructueuse pour nos finances. Il va sans dire, que les receveurs-conservateurs obtiendraient une compensation de l'Administration de l'Enregistrement.

L'Etat n'aurait plus, à l'avenir, la charge des pensions civiles incombant à ce service.

A un autre point de vue, d'ordre tout matériel, l'Administration serait débarrassée de la question des archives qui, avec le *statu quo* et le temps, deviendrait de plus en plus difficile à résoudre.

Nous estimons que cette réforme aurait de plus un avantage moral : le conservateur, devant parcourir toute sa carrière dans le même poste — ses enfants pouvant même l'y succéder — et vivant au milieu de populations qui lui seraient familières, apporterait plus d'esprit de suite dans l'accomplissement des formalités et partant serait moins exposé aux cas de responsabilité.

Les archives, aussi, ayant moins à souffrir des déménagements courraient moins de risques de s'égarer et de se détériorer.

Qu'on veuille bien ne pas nous accuser de vouloir revenir au trafic des charges dont la monarchie abusa si étrangement depuis François Ier jusqu'en 1789 ; il s'agit dans notre proposition, non pas de créer des emplois nouveaux moyennant finance — quoique cette faculté ait été réservée au gouvernement par la loi du 29 avril 1816 qui consacre la vénalité des offices ministériels — mais d'assurer, moyennant une légitime indemnité, leur autonomie à des fonctionnaires publics qui, sans bourse délier, jouissent de véritables droits régaliens.

Loin de nous encore la pensée de chercher à porter atteinte à des positions laborieusement et honorablement acquises.

Le seul but que nous poursuivons est celui de tout homme de cœur et de bonne volonté qui aime ardemment son pays et s'ingénie à signaler aux pouvoirs publics le meilleur moyen de le tirer d'une situation embarrassée.